Karin Hohmann

Mein 5-Minuten-Trainingsheft: Rechtschreibung

Richtiges Abschreiben, Wortarten, Auslautverhärtung & schwierige Laute

Inhalt

Lösungen zum Download unter: https://www.persen.de/download_zusatzmaterial

Tipps und Tricks

So schreibst du ein Schleichdiktat

Zur Vorbereitung:

- Lege dein Heft, einen Bleistift und ein Radiergummi bereit.
- Lege dein 5-Minuten-Trainingsheft so weit von deinem Platz weg, dass du den Text darin nicht mehr lesen kannst.

Das Diktat:

Schreibe den Text nun ab indem du zum Trainingsheft schleichst. Lies einen kleinen Abschnitt – die Länge kannst du selbst bestimmen. Merke ihn dir gut. Vielleicht musst du ihn dafür mehrfach lesen. Schleiche dann zurück zu deinem Heft und schreibe den Abschnitt auf. Wiederhole dies so lange, bis du alles abgeschrieben hast. Kontrolliere dann noch einmal, ob du alles richtig geschrieben hast.

Hole dann dein Trainingsheft an deinen Platz. Vergleiche deinen Text mit dem im Trainingsheft. Verbessere alles, was du falsch geschrieben hast.

Lesen – Merken – Aufschreiben – Vergleichen

Lies die Wörter und sprich sie dabei Silbe für Silbe aus. Schreibe sie anschließend fehlerfrei in dein Heft. Benutze ein Blatt Papier zum Abdecken.

Im Wald

das Rehkitz

der Käfer

das Blätterdach

der Baumstumpf

der Brombeerstrauch

der Fliegenpilz

der Buntspecht

der Farn

der Waldboden

das Wildschwein

Erledigt am: ______________________

So hat's geklappt: 

Lesen – Merken – Aufschreiben – Vergleichen

Lies die Wörter und sprich sie dabei Silbe für Silbe aus. Schreibe sie anschließend fehlerfrei in dein Heft. Benutze ein Blatt Papier zum Abdecken.

Im Supermarkt

die Gemüseabteilung

die Fleischtheke

das Sonderangebot

die Kühltheke

die Kasse

der Prospekt

das Tiefkühlgemüse

der Getränkemarkt

die Haushaltswaren

der Einkaufswagen

Erledigt am: ____________________

So hat's geklappt:   

Lesen – Merken – Aufschreiben – Vergleichen

Lies die Wörter und sprich sie dabei Silbe für Silbe aus. Schreibe sie anschließend fehlerfrei in dein Heft. Benutze ein Blatt Papier zum Abdecken.

Fußball

der Elfmeter

der Strafraum

der Torwart

die Schiedsrichterin

das Länderspiel

die Fankurve

der Torschützenkönig

die Fußballspielerin

die Halbzeit

die Weltmeisterschaft

Erledigt am: ______________________

So hat's geklappt: 

Lesen – Merken – Aufschreiben – Vergleichen

4 Lies die Wörter und sprich sie dabei Silbe für Silbe aus. Schreibe sie anschließend fehlerfrei in dein Heft. Benutze ein Blatt Papier zum Abdecken.

Im Museum

das Ausstellungsstück

die Ritterrüstung

die Vase

die Museumswärterin

der Tontopf

die Pfeilspitze

das Kunstwerk

die Mumie

das Schmuckstück

die Schatztruhe

Erledigt am: 

So hat's geklappt:   

Richtig abschreiben

Lesen – Merken – Aufschreiben – Vergleichen

Lies die Wörter und sprich sie dabei Silbe für Silbe aus. Schreibe sie anschließend fehlerfrei in dein Heft. Benutze ein Blatt Papier zum Abdecken.

Im Zirkus

das Zirkuszelt

die Wohnwagen

der Messerwerfer

die Feuerschluckerin

der Löwenbändiger

die Bauchrednerin

die Akrobatin

der Jongleur

der Clown

der Artist

Erledigt am: ______________________

So hat's geklappt:   

Lesen – Merken – Aufschreiben – Vergleichen

Lies die Wörter und sprich sie dabei Silbe für Silbe aus. Schreibe sie anschließend fehlerfrei in dein Heft. Benutze ein Blatt Papier zum Abdecken.

gut – besser – am besten

deutlich – deutlicher – am deutlichsten

empfindlich – empfindlicher – am empfindlichsten

glatt – glatter – am glattesten

tief – tiefer – am tiefsten

Erledigt am: ______________________

So hat's geklappt:  

Richtig abschreiben

Lesen – Merken – Aufschreiben – Vergleichen

Die Vokale fehlen. Lies die Wörter und sprich sie dabei Silbe für Silbe aus. Schreibe sie anschließend fehlerfrei in dein Heft.

st__rk – st__rk__r – am st__rkst__n

st__rm__sch – st__rm__sch__r – am st__rm__schst__n

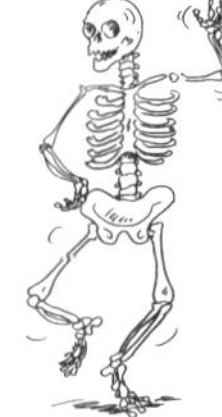

w__ld – w__ld__r – am w__ld__st__n

j__ng – j__ng__r – am j__ngst__n

gr__s__l__g – gr__s__l__g__r – am gr__s__l__gst__n

Erledigt am: ____________________

So hat's geklappt:  

Lesen – Merken – Aufschreiben – Vergleichen

Lies die Wörter und sprich sie dabei Silbe für Silbe aus. Schreibe sie anschließend fehlerfrei in dein Heft. Benutze ein Blatt Papier zum Abdecken.

schnaufen – laufen – verkaufen

drücken – bücken – pflücken

bauen – trauen – schauen

wagen – beklagen – vertragen

sprechen – brechen – blechen

Erledigt am: ______________________

So hat's geklappt:   

Lesen – Merken – Aufschreiben – Vergleichen

Die Vokale fehlen. Lies die Wörter und sprich sie dabei Silbe für Silbe aus. Schreibe sie anschließend fehlerfrei in dein Heft.

dr__h__n – g__h__n – st__h__n

b__g__nn__n – g__w__nn__n – st__mm__n

l__g__n – f__g__n – pfl__g__n

schm__nk__n – tr__nk__n – s__nk__n

bl__ __b__n – schr__ __b__n – v__rm__ __d__n

Erledigt am: ______________________

So hat's geklappt:  

Lesen – Merken – Aufschreiben – Vergleichen

Lies die Sätze. Merke dir kurze Stücke und schreibe sie fehlerfrei in dein Heft. Benutze ein Blatt Papier zum Abdecken.

Ein neues Haustier

Martins Familie möchte sich ein Haustier anschaffen.

Sie gehen ins Tierheim und schauen sich um.

Soll es eine Katze oder ein Hund sein?

Sie entscheiden sich für die schwarze Katze mit den weißen Pfoten.

Erledigt am: ____________________

So hat's geklappt: 

Richtig abschreiben

Lesen – Merken – Aufschreiben – Vergleichen

Lies die Sätze. Merke dir kurze Stücke und schreibe sie fehlerfrei in dein Heft. Benutze ein Blatt Papier zum Abdecken.

Pause

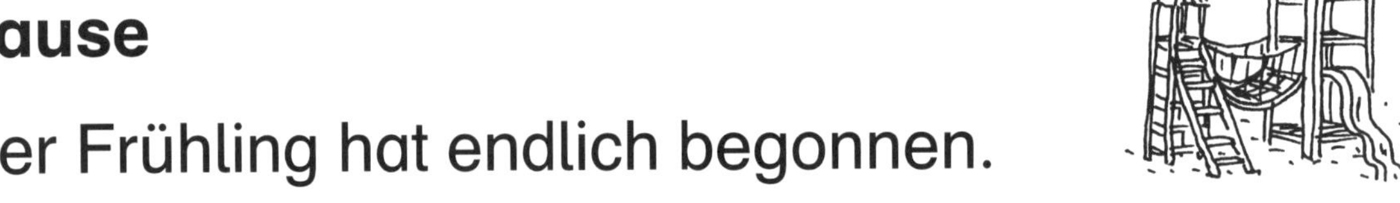

Der Frühling hat endlich begonnen.

Auf dem Pausenhof spielen die Kinder in der Sonne.

Janina, Fenna und Moritz springen Seilchen.

Auf dem Klettergerüst klettern Suri

und Alvin um die Wette.

Erledigt am: ____________________

So hat's geklappt:

Lesen – Merken – Aufschreiben – Vergleichen

Lies die Sätze. Merke dir kurze Stücke und schreibe sie fehlerfrei in dein Heft. Benutze ein Blatt Papier zum Abdecken.

Urlaubszeit

Habil fliegt in den Sommerferien zu seinen Großeltern in die Türkei.

Nele fährt ins Ferienlager in die Niederlande.

Jakobs Familie macht eine Fernreise nach Kanada.

Nur der Klassenhamster Fridolin bleibt in Deutschland zurück.

Erledigt am: ____________________

So hat's geklappt:

Lies die Sätze. Merke dir kurze Stücke und schreibe sie fehlerfrei in dein Heft. Benutze ein Blatt Papier zum Abdecken.

Weihnachten in Brasilien

An Weihnachten ist es in Brasilien sonnig und heiß, denn dann ist in Brasilien Hochsommer.

Brasilianer feiern Weihnachten zusammen mit der Familie.

Viele Familien gehen zu Weihnachten an den Strand.

Erledigt am: 

So hat's geklappt: 

Richtig abschreiben

Lesen – Merken – Aufschreiben – Vergleichen

Lies die Sätze. Merke dir kurze Stücke und schreibe sie fehlerfrei in dein Heft. Benutze ein Blatt Papier zum Abdecken.

Nashörner

Nashörner leben in Afrika,
das weiß ja jeder!

Aber wusstest du, dass es auch in Asien Nashörner gibt?

Man kann die Tiere zum Beispiel in Nepal finden.

Nashörner leben in Savannengebieten und in den Tropen.

Erledigt am: ______________________

So hat's geklappt: 

Richtig abschreiben

Lesen – Merken – Aufschreiben – Vergleichen

Lies die Purzelsätze und ordne sie in der richtigen Reihenfolge. Schreibe sie dann geordnet und fehlerfrei in dein Heft.

schwarze Die auf . Birnenbaum sitzt dem Katze

. Salat Hamster frisst Der seinen genüsslich

Der Lied singt schönes Kanarienvogel ein .

schwimmen gemütlich Goldfische durch . Fünf Aquarium das

Hunde dem . Ball spielen Zwei mit

Erledigt am: ____________________

So hat's geklappt: 

Lernkontrolle 1: Schleichdiktat (38 Wörter)

Lege die Aufgabe in einiger Entfernung vom Arbeitsplatz ab. Lies und merke dir Satzteile. Schreibe sie dann auswendig auf.

Ein neues Hobby

Sarah ist neu nach Münster gezogen.

Vorher hat sie am Meer gewohnt und hat Windsurfing betrieben.

Jetzt braucht sie ein neues Hobby.

Sarah geht nun zum Inlinehockey.

Das macht ihr auch viel Spaß.

Erledigt am: ______________________

So hat's geklappt: 

Richtig abschreiben

Lernkontrolle 2: Schleichdiktat (46 Wörter)

Lege die Aufgabe in einiger Entfernung vom Arbeitsplatz ab. Lies und merke dir Satzteile. Schreibe sie dann auswendig auf.

Über den Atlantik

Wer war die erste Pilotin, die alleine über den Atlantik flog?

Es war die Amerikanerin Amelia Earhart.

Seitdem sie zum ersten Mal ein Flugzeug bestiegen hatte, wollte sie selber fliegen.

Im Mai 1932 flog sie als erste Frau im Alleinflug über den Atlantik.

Erledigt am: ______________________

So hat's geklappt:  

Tipps und Tricks

So erkennst du die verschiedenen Wortarten

Nomen:

- Gegenstände, Lebewesen und auch unsichtbare Dinge (z. B. Gefühle) sind Nomen.
- Nomen werden großgeschrieben und haben einen Artikel, der entweder bestimmt (*der* Bär), unbestimmt (*ein* Bär) oder verdeckt (*im* Bärenwald) sein kann.
- Einem Nomen kann ein besitzanzeigendes Pronomen (*unser* Hund), Zahlworte (*drei* Katzen) oder ein Adjektiv (*schöne* Ferien) vorangehen.

Verben:

- Verben beschreiben, was geschieht (z. B. laufen, regnen). Sie können auch einen Zustand beschreiben (z. B. sein).
- Verben haben eine Grundform. Sie verändern sich je nachdem, in welcher Person oder Zeitform sie stehen (z. B. laufen – er läuft).
- Verben werden kleingeschrieben.

Tipps und Tricks

Adjektive:

- Adjektive beschreiben Personen, Tiere, Dinge, Begriffe, Tätigkeiten oder Vorgänge näher (z. B. schön, alt). Deshalb werden sie auch Eigenschaftswörter oder Wie-Wörter genannt.
- Du findest sie ganz leicht indem du fragst „Wie ist eine Person/Sache?".
- Adjektive schreibt man klein.

Verben als Nomen:

- Verben können Nomen sein, wenn sie mit dem Artikel *das* geschrieben werden (z. B. das Laufen). Achtung: Manchmal verbinden sich auch der Artikel und eine Präposition, zum Beispiel *am, zum, beim* (z. B. beim Laufen).

Adjektive als Nomen:

- Nach unbestimmten Mengenangabe werden Adjektive großgeschrieben, zum Beispiel nach *alles, etwas, nichts, viel* (z. B. alles Gute).

Nomen

Welches Wort ist gemeint? Lies die Nomen und schreibe sie fehlerfrei auf die Linien.

die Nahrung

der Hunger

der Löffel

die Süßigkeit

das Gebäck

das Gemüse

der Durst

die Flüssigkeit

das Getränk

der Teller

Erledigt am: ________________

So hat's geklappt:

Nomen

19 Welches Wort ist gemeint? Lies die Nomen und schreibe sie fehlerfrei auf die Linien.

der Gepard

____

der Waschbär

____

die Hyäne

____

die Schildkröte

____

die Seegurke

____

der Hammerhai

____

der Nasenbär

____

der Koala

____

der Orang-Utan

____

der Buckelwal

____

Erledigt am: ______________________

So hat's geklappt:

Nomen

Welches Wort ist gemeint?
Lies die Nomen und schreibe sie fehlerfrei auf die Linien.

der Donner

das Gewitter

der Brand

die Hitze

der Blitz

der Krieg

das Feuer

die Gefahr

die Angst

der Sturm

Erledigt am: ____________

So hat's geklappt:

Nomen

Lies die Nomen. Notiere die Artikel und schreibe die Wortpaare auswendig in dein Heft. Benutze ein Blatt Papier zum Abdecken.

bestimmter Artikel	**unbestimmter Artikel**
______ Zebra	______ Zebra
______ Eisbär	______ Eisbär
______ Schnecke	______ Schnecke
______ Schmetterling	______ Schmetterling
______ Schäferhund	______ Schäferhund

Erledigt am: ____________________

So hat's geklappt:

Nomen

22 Lies die Nomen. Notiere die Artikel und schreibe die Wortpaare auswendig in dein Heft. Benutze ein Blatt Papier zum Abdecken.

bestimmter Artikel	**unbestimmter Artikel**
______ Ahorn	______ Ahorn
______ Buche	______ Buche
______ Eiche	______ Eiche
______ Eberesche	______ Eberesche
______ Kastanie	______ Kastanie

Erledigt am: ____________________

So hat's geklappt:

Nomen

Lies die Nomen. Notiere den Plural und schreibe die Wortpaare auswendig in dein Heft. Benutze ein Blatt Papier zum Abdecken.

der Elefant zwei ______________________

das Kamel zwei ______________________

die Giraffe zwei ______________________

das Krokodil zwei ______________________

das Nashorn zwei ______________________

Erledigt am: ______________ *So hat's geklappt:*   

Nomen

24 Lies die Nomen. Notiere den Plural und schreibe die Wortpaare auswendig in dein Heft.

der Schlüssel vier ______________________

die Maschine vier ______________________

das Flugzeug vier ______________________

das Motorrad vier ______________________

der Roller vier ______________________

Erledigt am: ______________ *So hat's geklappt:*

Nomen

Lies die Nomen. Notiere die fehlende männliche oder weibliche Form und schreibe Wortpaare auswendig in dein Heft.

der Altenpfleger	________________
________________	die Konditorin
der Eisverkäufer	________________
________________	die Händlerin
der Metzger	________________

Erledigt am: ________________ *So hat's geklappt:*

Nomen

26 Lies die Nomen. Verbinde was zusammengehört und schreibe die Wörter auswendig in dein Heft.

die Bäuerin	der Redakteur
die Redakteurin	der Tierpfleger
die Tierpflegerin	der Bauer
die Hausmeisterin	der Gärtner
die Gärtnerin	der Hausmeister

Erledigt am: ______________________

So hat's geklappt:  

Nomen

Lies die Purzelwörter.
Schreibe sie zusammen mit dem bestimmten Artikel auf.

Fchus	der ______	Bckeär	______
Friende	______	Quadart	______
Geimende	______	Vckeranpug	______
Gebautstrg	______	Tepeamtrur	______
Mischnae	______	Ztueing	______

Erledigt am: ______

So hat's geklappt:   

Verben

Notiere zu jedem Verb die fehlenden Personalformen. Beachte den Wortstamm. Schreibe dann alle Wortgruppen fehlerfrei in dein Heft.

fühlen – ich ________________ wir ________________

springen – ich ________________ wir ________________

backen – ich ________________ wir ________________

gießen – ich ________________ wir ________________

nähen – ich ________________ wir ________________

packen – ich ________________ wir ________________

Erledigt am: ________________ *So hat's geklappt:*

Verben

Notiere zu jedem Verb die fehlenden Personalformen. Beachte den Wortstamm. Schreibe dann alle Wortgruppen fehlerfrei in dein Heft.

heizen – du ______________________ er ______________________

glühen – du ______________________ er ______________________

klettern – du ______________________ er ______________________

gewinnen – du ______________________ er ______________________

kennen – du ______________________ er ______________________

führen – du ______________________ er ______________________

Erledigt am: ______________________ *So hat's geklappt:*

Verben

Ergänze den fehlenden Wortstamm und die Endungen.
Schreibe alle Wörter in dein Heft.

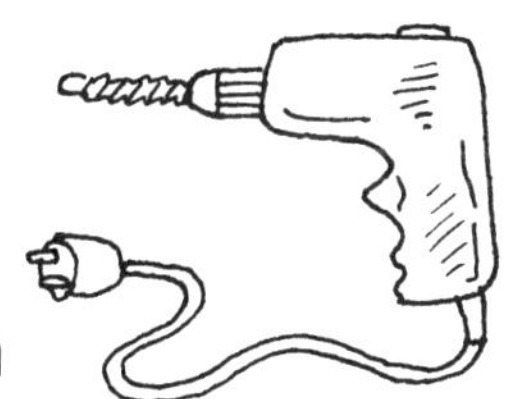

Grundform: erzählen

ich ____________________

du ____________________

er/sie/es ____________________

wir ____________________

ihr ____________________

sie ____________________

Grundform: bohren

ich ____________________

du ____________________

er/sie/es ____________________

wir ____________________

ihr ____________________

sie ____________________

Erledigt am: ________________

So hat's geklappt:

Verben

31 Ergänze die Sätze mit der passenden Personalform.
Schreibe die vollständigen Sätze in dein Heft.

beobachten Ich ______________________ einen Vogel.

führen Er ______________________ eine Gruppe durch das Museum.

erzählen Ich ______________________ eine Geschichte.

gewinnen Sie ______________________ einen Preis.

backen Ich ______________________ einen Kuchen.

spielen Du ______________________ auf dem Spielplatz.

Erledigt am: ____________________ *So hat's geklappt:*   

Verben

Welches Verb ist das? Schreibe es im Infinitiv auf. Notiere dann zu jedem Verb die fehlende Personalform. Schreibe dann alle Verben fehlerfrei in dein Heft.

hüpfen – ____________ ich ____________

trampeln – ____________ wir ____________

schreiten – ____________ er ____________

wandern – ____________ ihr ____________

watscheln – ____________ du ____________

streifen – ____________ sie ____________

Erledigt am: ____________ *So hat's geklappt:*

Verben

Wie heißen die Verben, wenn du die Vorsilben **auf**-, **an**-, **ab**-, **vor**- einsetzt?
Notiere und lies. Schreibe die Wörter fehlerfrei in dein Heft.

______halten, ______halten, ______halten, ______halten

______machen, ______machen, ______machen, ______machen

______geben, ______geben, ______geben, ______geben

______sagen, ______sagen, ______sagen, ______sagen

Erledigt am: ____________________ *So hat's geklappt:*   

Verben

Ergänze die Sätze mit der passenden Verform. Schreibe die vollständigen Sätze in dein Heft.

abhalten Kathrin ______________ Mama von der Arbeit ______________.

aufgeben Ruben ______________ nicht ______________.

aufzeichnen Der Reporter ______________ das Gespräch ______________.

vorsagen Jack ______________ Simon die Lösung ______________.

abgeben Julian ______________ die Arbeit ______________.

vorgeben Frau Meier ______________ das Thema ______________.

Erledigt am: ______________ *So hat's geklappt:*

Adjektive

Finde das Gegenteil. Trage die Wörter in die Tabelle ein. Schreibe die Wortpaare dann fehlerfrei in dein Heft.

fröhlich dreckig frei klein süß brav nah interessant scharf glatt

gefangen	
langweilig	
mild	
rau	
traurig	

fern	
groß	
sauber	
frech	
sauer	

Erledigt am: ______________________

So hat's geklappt:   

Adjektive

Setze zu jedem Nomen ein Adjektiv ein. Schreibe die Wortgruppen in dein Heft.

süß kalt sauber niedlich ehrlich feucht blond dunkel

der ________________ Boden

das ________________ Eis

das ________________ Gebäck

der ________________ Affe

der ________________ Finder

das ________________ Moor

das ________________ Mädchen

der ________________ Flur

Erledigt am: ________________

So hat's geklappt: ☺ 😐 ☹

Adjektive

37 Steigere die Adjektive, indem du die verschiedenen Stufen bildest. Beachte den Wortstamm und die Endungen. Schreibe Wortgruppen fehlerfrei in dein Heft.

Grundstufe	Vergleichsstufe	Höchststufe
dünn	dünner	am dünnsten
niedlich		
fröhlich		
feucht		
sauer		

Erledigt am: ____________________

So hat's geklappt:   

Adjektive

Steigere die Adjektive, indem du die verschiedenen Stufen verbindest.
Schreibe die Wortgruppen fehlerfrei in dein Heft.

freundlich	sauberer	am glattesten
sauber	glatter	am süßesten
rau	freundlicher	am rauesten
glatt	rauer	am saubersten
süß	süßer	am freundlichsten

Erledigt am: ____________________

So hat's geklappt: ☺ 😐 ☹

Lernkontrolle 1: Wörter ordnen

Immer drei Wörter gehören zusammen. Schreibe sie nebeneinander in die Tabelle. Schreibe die Wortgruppen anschließend in dein Heft.

glatt | die Süßigkeit | feucht | fern | glätten | das Feuchtgebiet | die Sauberkeit

entfernen | süß | säubern | die Glätte | befeuchten | süßen | sauber | die Entfernung

Nomen	Verb	Adjektiv

Erledigt am: ______________________

So hat's geklappt:   

Lernkontrolle 2: Wortarten bestimmen

Lies und unterstreiche:

Nomen	blau
Verben	rot
Adjektive	grün

Schreibe die Wörter nach Wortarten geordnet in dein Heft.

Der spitze Kaktus sticht.

Der freundliche Mann lächelt.

Der saubere Boden glänzt.

Das süße Gebäck riecht gut.

Das freche Kind grinst.

Die blonde Mutter ist glücklich.

Das dunkle Motorrad hupt.

Das feuchte Gras glitzert im Licht.

Erledigt am: ______________________

So hat's geklappt: 

Auslautverhärtung

Tipps und Tricks

So erkennst du eine Auslautverhärtung

Manchmal ist es bei Wörtern mit nur einer Silbe schwierig zu hören welcher Buchstabe vorkommt. Ein einfacher Trick, um den Buchstaben hörbar zu machen, ist das Wort zu verlängern und eine zweisilbige Form zu bilden.

Nomen verlängern:

- Nomen verlängert man, indem man den Plural bildet:

  b oder p? Die**be** **also:** Die**b**

Verben verlängern:

- In der Personalform von Verben bildet man einfach die Grundform.

  g oder k? sa**g**en **also:** er sa**gt**

Adjektive verlängern:

- Adjektive verlängert man durch die Bildung der Vergleichsstufe.

  d oder t? lau**t**er **also:** also: lau**t**

Auslautverhärtung

bei Nomen

Was fehlt – **d** oder **t**? Notiere das Ableitungswort. Trage dann den fehlenden Buchstaben ein. Schreibe die Wortgruppen in dein Heft.

die Wan____	die Hau____	der Hel____
die ________________	die ________________	die ________________
der Hun____	das Ba____	der Magne____
die ________________	die ________________	die ________________
das Rin____	das Krau____	der Bran____
die ________________	die ________________	die ________________

Erledigt am: ____________________ *So hat's geklappt:*

bei Nomen

Was fehlt – **g** oder **k**? Notiere das Ableitungswort. Trage dann den fehlenden Buchstaben ein. Schreibe die Wortgruppen in dein Heft.

die Ban____	das Flugzeu____	der Zu____
die ______________	die ______________	die ______________
der Fahrzeu____	der Tan____	die Entfernun____
die ______________	______________	die ______________
das Geträn____	der Schran____	der Empfan____
die ______________	die ______________	die ______________

Erledigt am: ________________ *So hat's geklappt:* ☺ 😐 ☹

bei Nomen

Was fehlt – **b** oder **p**? Notiere das Ableitungswort. Trage dann den fehlenden Buchstaben ein. Schreibe die Wortgruppen in dein Heft.

der Stau____	das Lau____	der Rübensiru____
______________	______________	die ______________
der Betrie____	das Telesko____	der Die____
die ______________	die ______________	die ______________
der Kor____	der Teilzeitjo____	der Antrie____
die ______________	die ______________	die ______________

Erledigt am: ______________ *So hat's geklappt:*

bei Adjektiven

Was fehlt – **d** oder **t**? Bilde die Vergleichsstufe und du hörst den Endlaut. Notiere. Schreibe die Wortpaare in dein Heft.

spannen____ ____________________

frem____ ____________________

brei____ ____________________

mil____ ____________________

verträum____ ____________________

kal____ ____________________

Erledigt am: ____________________

So hat's geklappt:

bei Adjektiven

Was fehlt – **g** oder **k**? Setze zum Adjektiv ein Nomen und du hörst den Endlaut. Setze die fehlenden Buchstaben ein und schreibe die Wortgruppen in dein Heft.

kräfti____ das ________________________________ Pferd

schlan____ der ________________________________ Mann

fleißi____ der ________________________________ Junge

wel____ der ________________________________ Blumenstrauß

klu____ das ________________________________ Mädchen

flin____ das ________________________________ Wiesel

Erledigt am: ____________________ *So hat's geklappt:*

Auslautverhärtung

bei Verben

Was fehlt – **b** oder **p**? Suche den Infinitiv des Verbs und trage den fehlenden Buchstaben ein. Schreibe die Wortgruppen ins Heft.

stau____en	er stau____t	trei____en	es trei____t
sie____en	sie sie____t	erle____en	sie erle____t
hu____en	ich hu____e	schie____en	ich schie____e
schwe____en	er schwe____t	er____en	er er____t

b oder p?

Erledigt am: ____________________

So hat's geklappt:  

Auslautverhärtung

d/t, g/k, b/p

Finde das Verb, damit du den fehlenden Inlaut eintragen kannst. Schreibe die Wortgruppen fehlerfrei in dein Heft.

k die Kla____emauer oder **g** ihr ________________	**k** der Dan____esbrief oder **g** wir ________________
b eine Hu____e oder **p** sie ________________	**b** der Stau____sauger oder **p** er ________________
d der Strei____schlichter oder **t** du ________________	**d** ein Schmie____ oder **t** ich ________________

Erledigt am: ________________ *So hat's geklappt:* 

Auslautverhärtung

d/t, g/k, b/p

Verbinde die verwandten Wörter. Trage die fehlenden Laute ein und schreibe die Wortgruppen fehlerfrei in dein Heft.

der Die___	san___ig	der Hausstau___	frem___
klä___lich	die___isch	kle___rig	die Gesun___heit
der San___	die Kla___e	der Frem___e	kle___en
das Mitlei___	mitlei___ig	gesun___	stau___ig

Erledigt am: ____________________

So hat's geklappt:

Lernkontrolle 1: d/t, g/k, b/p bei Nomen

49

Finde 13 Nomen im Kastenrätsel und schreibe sie im Singular und Plural in dein Heft. Suche waagerecht und senkrecht.

M	G	w	i	S	L	o	S	i	e	g
a	u	S	i	t	S	i	r	u	p	a
g	S	c	h	r	a	n	k	e	i	S
n	t	B	V	a	e	T	a	n	k	i
e	a	r	o	n	B	a	n	k	h	e
t	b	o	l	d	U	r	l	a	u	b
H	b	t	k	G	r	a	b	f	e	n

Erledigt am: ______________________

So hat's geklappt: 

Lernkontrolle 2: d/t, g/k, b/p bei Adjektiven und Verben

Setze den passenden Buchstaben ein.
Schreibe die Wörter nach der Kontrolle in dein Heft.

d/t – spannen____	g/k – sie betrü____t	d/t – al____	b/p – wir hu____en
d/t – kal____	d/t – frem____	b/p – tau____	g/k – kran____
b/p – sie be____t	g/k – er strei____t	d/t – verträum____	b/p – es tra____t
g/k – fleißi____	d/t – gesun____	g/k – billi____	b/p – er schrei____t

Erledigt am: ______________________ *So hat's geklappt:*

Tipps und Tricks

So findest du die richtigen Laute

Wörter wie Schule und schwimmen beginnen mit dem Laut *Sch/sch*.
Dieser Laut besteht aus den drei Buchstaben *s, c, h*.
Manchmal hörst du aber auch *sch*, ohne dass die Wörter mit *s, c, h* beginnen.

Hier gibt es folgende Regel:

St/st und **Sp/sp:**

- Wenn du *schp* oder *scht* hörst musst du aufpassen! Nach *sch* steht kein *p* oder *t*. Schreiben musst du dann *St/st* oder *Sp/sp*.

St/st

51 Setze **St** in die Lücken ein. Lies die Wörter und schreibe sie als Selbstdiktat in dein Heft. Benutze ein Blatt Papier zum Abdecken

der ______ab	der ______ahl	der ______amm
die ______euer	die ______adt	der ______iel
der ______rauß	der ______off	der ______uhl
der ______urm	das ______ück	der ______rom

Erledigt am: ______________________

So hat's geklappt: 

St/st

52 Setze **st** in die Lücken ein. Lies die Wörter und schreibe sie als Selbstdiktat in dein Heft. Benutze ein Blatt Papier zum Abdecken.

______römen	______reiten	______euern
______ärken	______randen	______ückeln
______immen	______ürmisch	______ark
be______immt	______ill	______umm

Erledigt am: ____________________ *So hat's geklappt:*

St/st oder Sch/sch

Setze **St** oder **Sch** richtig ein. Lies die Wörter und notiere ein verwandtes Wort. Schreibe sie anschließend geordnet nach **St** und **Sch** in dein Heft.

der ______lüssel ________________ die ______wierigkeit ________________

der ______alter ________________ der ______urm ________________

der ______iel ________________ das ______ück ________________

der ______rauß ________________ der ______atten ________________

die ______lucht ________________ der ______rom ________________

Erledigt am: ________________ *So hat's geklappt:* 

St/st oder Sch/sch

Setze **st** oder **sch** richtig ein. Lies die Wörter und notiere ein verwandtes Wort. Schreibe sie anschließend geordnet nach **st** und **sch** in dein Heft.

______ließen ______________________ ______mieden ______________________

______ark ______________________ ______impfen ______________________

______reitig ______________________ ______öbern ______________________

______ufig ______________________ ______reichen ______________________

______arf ______________________ ______ütteln ______________________

Erledigt am: ______________________ *So hat's geklappt:* 

Sp/sp

Setze **Sp** in die Lücken ein. Lies die Wörter und schreibe sie als Selbstdiktat in dein Heft. Benutze ein Blatt Papier zum Abdecken.

der ______aß	der ______aziergang	der ______iegel
die ______itze	die ______ritze	die ______eise
die ______rühflasche	die ______annung	der ______ielfilm
der ______ortplatz	der ______eck	der ______uk

Erledigt am: ______________________

So hat's geklappt: 

Sp/sp

Setze **sp** in die Lücken ein. Lies die Wörter und schreibe sie als Selbstdiktat in dein Heft. Benutze ein Blatt Papier zum Abdecken.

______rühen	______annend	______innen
______ießig	______errig	______rechen
______arsam	______iegeln	an______itzen
______ät	be______aßen	an______annen

Erledigt am: ______________________ *So hat's geklappt:* 

Sp/sp, Sch/sch

Setze **Sp** oder **Sch** richtig ein. Lies die Wörter und notiere ein verwandtes Wort. Schreibe sie anschließend geordnet nach **Sp** und **Sch** in dein Heft.

das ______ielzeug ____________________

der ______ruch ____________________

die ______erre ____________________

der ______lüssel ____________________

die ______annung ____________________

der ______iegel ____________________

die ______inne ____________________

die ______ritze ____________________

die ______ule ____________________

der ______utz ____________________

Erledigt am: ____________________ *So hat's geklappt:*

Sp/sp, Sch/sch

58 Setze **Sp/sp** oder **Sch/sch** richtig ein. Verbinde die verwandten Wörter miteinander. Schreibe sie anschließend geordnet nach **Sp/sp** und **Sch/sch** in dein Heft.

_____aßig	der _____wimmer	_____azieren	der _____ruch
_____wimmen	die _____ärfe	_____ortlich	die _____ule
_____arf	die _____inne	_____ulen	der _____azierweg
_____innen	der _____aß	_____rechen	der _____ortler

Erledigt am: ______________________

So hat's geklappt: 

St/st, Sp/sp, Sch/sch

Kreise die 20 Wörter mit **St/st**, **Sp/sp** und **Sch/sch** in unterschiedlichen Farben ein. Schreibe sie anschließend fehlerfrei in dein Heft.

SchpaßsjSpaßspinnenLensptStücksnsüFlschwimmens

SchnnascharfhSpaziergangswedjSpinnestimmenshH

SpulezuüStrandezsschwammigbeEsSchlagowä

SteuerrtsSstürmischeRSchattensqsschmutzigStadt

SpitzetStiqtsStammözuüstärkensqe

Erledigt am: ____________________ *So hat's geklappt:* 

St/st, Sp/sp, Sch/sch

Trage die fehlenden Begriffe ein. Schreibe alle Sätze fehlerfrei als Schleichdiktat in dein Heft.

Schwamm	Schule	Schatten	Spinne	spült	schwimmt	Straße	spät	Spültuch

Gunnar kommt zu ___ ___ ___ ___ zur ___ ___ ___ ___ ___ ___.

Jana putzt das Fenster mit dem ___ ___ ___ ___ ___ ___ ___.

Das Geschirr ___ ___ ___ ___ ___ sie mit dem ___ ___ ___ ___ ___ ___ ___ ___.

Die ___ ___ ___ ___ ___ ___ läuft über die ___ ___ ___ ___ ___ ___.

Die Flaschenpost ___ ___ ___ ___ ___ ___ ___ ___ im Meer.

Der Baum wirft einen langen ___ ___ ___ ___ ___ ___ ___ ___.

Erledigt am: ______________________ *So hat's geklappt:* ☺ 😐 ☹

St/st, Sp/sp, Sch/sch

61 Finde 13 Nomen mit **St**, **Sp** und **Sch** im Kastenrätsel und schreibe sie im Singular und Plural in dein Heft. Suche waagerecht und senkrecht.

S	c	h	w	i	e	r	i	g	k	e	i	t
c	t	S	S	t	u	t	e	s	S	S	S	i
h	S	p	e	r	r	u	n	g	t	c	t	S
ü	e	a	S	h	c	t	e	i	u	h	a	t
l	S	ß	S	c	h	w	a	n	r	o	d	o
e	c	h	S	c	h	i	r	m	m	ß	t	f
r	S	t	ü	c	k	S	c	h	a	f	e	f

Erledigt am: ______________________

So hat's geklappt:   

Lernkontrolle 1: Schleichdiktat

Kreise **St** und **st** ein. Lege die Aufgabe in einiger Entfernung vom Arbeitsplatz ab. Lies und merke dir Satzteile. Schreibe sie dann auswendig auf.

Kater Stefan stand stolz auf seinem Stuhl.

Er hatte Streit mit Stanislaus, dem strengen Nachbarskater, gehabt.

Die beiden Streithähne hatten um die Herrschaft gestritten.

Stefan war aus dem Streit als Sieger hervorgegangen.

Seine Stimmung stieg, als er Katze Stella vom Streit erzählte.

Erledigt am: ______________________

So hat's geklappt: 

Lernkontrolle 2: Schleichdiktat

Kreise **Sp** und **sp** ein. Lege die Aufgabe in einiger Entfernung vom Arbeitsplatz ab. Lies und merke dir Satzteile. Schreibe sie dann auswendig auf.

Sport und Spiele sind nicht nur für Menschen spaßig.

Auch Tiere spielen gern und haben Spaß.

So kam es, dass die Spatzen spät abends darüber sprachen,

dass sie Sportspiele und Spaßwettkämpfe veranstalten wollten.

So spazierten, spielten und sportelten sie auf der Spitze eines Baumes.

Erledigt am: ______________________

So hat's geklappt: 

Male die Bilder an, wenn du die Aufgabe erledigt hast.

Die Autorin

Karin Hohmann studierte Lehramt für die Grund- und Hauptschule. Sie verfügt über langjährige Erfahrungen als Grundschullehrerin, insbesondere in den Bereichen Deutsch und Legasthenie.

2. Auflage 2022

AAP Lehrerwelt GmbH
Veritaskai 3
21079 Hamburg
Telefon: +49 (0) 40325083-040
E-Mail: info@lehrerwelt.de

Geschäftsführung: Christian Glaser
USt-ID: DE 173 77 61 42
Register: AG Hamburg HRB/126335

Autorschaft: Karin Hohmann
Covergestaltung: TSA&B Werbeagentur GmbH, Hamburg
Illustrationen: Barbara Gerth
Satz: Satzpunkt Ursula Ewert GmbH, Bayreuth
Druck und Bindung: Korrekt Nyomdaipari Kft., Budapest

ISBN: 978-3-403-20109-0
www.persen.de